ひとりふたり‥　聞法ブックス 8

今、今日を生きる

田畑正久

法藏館

今、今日を生きる●目次

装丁　谷中雄二
装画　岩村勝美
企画監修　田代俊孝

※仏の里　国東

東国東《ひがしくにさき》広域国保総合病院の仏教講座を平成二年から始めさせていただいております が、この会がどういうような経緯《けいい》で始まりましたかということを少し、お話しさせていただきますと、私が平成元年の一一月にこの病院に赴任《ふにん》してきまして、病院の中でこういう仏教講座を是非《ぜひ》したいと思っていました。どうしてかといいますと、人間には生まれてから歳をとって病気で死ぬという流れがあります。医療という仕事は、この「生老病死」に関わる仕事なんですけれども、よく考えてみると、仏教というものも同じものを課題にしているのです。

けれど、同じものを課題にしているにもかかわらず、日本の中ではなかなか医療と仏教の協力が上手《うま》く出来《でき》ていない。それで是非とも同じものを課題にしている医療と仏教が、その解決の方法を見いだそうとするものが互いに協力し合うということが非常に大事ではないかと考えて、仏教講座を始めようと思ったのです。

私が平成元年にこの病院に来たときに、杵築《きつき》市から東国東郡にかけての寺院を訪ねていきまして、病院内での仏教講座を始めたいということで、ご協力をお願いしました。ですがその前に、平成元年の暮れから平成二年の初めに、入院患者を対象にアンケート調査を行いました。その中で、関係している宗派はどこですかと聞いたら、浄土宗・浄土真宗の関係の人が大体四八パーセントでした。禅宗関係が二四パーセント。天台宗の関係が八パーセントで、あとは数パーセントでしたので、浄土宗・浄土真宗関係、禅宗関係、天台宗に関係する僧侶の方たちに協力していただければ、この地域の主だったところがカバー出来るのかなと勝手に考えまして、各宗派の方たちにご協力をお願いしたのです。それで平成二年の三月に僧侶《そうりょ》の方たちに集まっていただいて、病院内で仏教講座の会をしたいので、是非ご協力をお願いしますという話し合いをしました。そして翌月の四月から、毎週金曜日に、夕方六時半より一時間ほど実施するということで、この講座が始まりました。

考えてみましたら、ちょうど満一四年になります。ということは、一年間で大体五二週ですから、五〇週あったとすると、一四年間ですので、七〇〇回になる計算です。最初私がこういう講座を始めるにあたって、僧侶の方たちにお願いして回ったときに非常に印象的な僧侶がおられました。その人は町会議員をされていました。この人のところにお願いに行きましたところ、「田畑先生、いいことを始めてくれますね。仏教は今までは死んだ人を相手にしていればよかったけれども、これからは、生きている人を相手にする時代ですねえ」と、こう言ってくれました。生きた人間を相手にする仏教というものが本当なんです。それがいつの間にか、世間一般の中で、生きているうちは用がなくて、死んでからお坊さんの出番というような変な先入観がはびこってしまっています。本当は生きている人間を対象とする仏教でなければならない。そしてそのことが結局は死の問題の解決にもなるわけです。

そうこうしながら、平成二年の四月からこの講座を始めまして、それから一四年になるのですけれども、最初の一〇年間ほどは私が一人で司会や事務局等をすべてしていました。そのため金曜日は帰るのがいつも遅くなって、夜八時過ぎ頃まで残っていました。私の都合が悪いときは、病院職員や近辺の僧侶の方とかに、ときどき司会の代わりをお願いしていました。けれども、一〇年過ぎたくらいからソーシャルワーカーの森さんに少しずつお願いするようになりました。

ただ僧侶の方々にご法礼が全くなしでボランティアでご協力をお願いしているということで、実に申しわけないなと思っているのですけれども、何とか負担にならない程度に、年一回から二回というかたちでご協力をお願いしてきました。

是非とも「仏の里　国東」という観光キャッチフレーズが、観光のキャッチフレーズだけではなくて、内容も「仏の里　国東」というふうになっていただければなあと思って始めたということもあるのです。

この会を始めることによって、人との出会いもありました。患者さんの中から自分の家で仏教のお話をしてくださいということで、学校の先生をされておられました国東町の古田さんという方のお宅で「歎異抄《たんにしょう》に聞く会」が始まって、今それが国東町内の寺院で毎月続いております。これも一〇〇回以上続いております。その国東の会に来ておられた国見町の方が、この会に来たいけれども、遠方でなかなか来られない方がいるから、自分の町でもしていただけませんかということで、国見町でも「歎異抄に聞く会」が始まって、毎月一回でちょうど三年目に入っております。そういうかたちで仏教のご縁でいろんな展開があったなあと、そして良かったなあと思っております。

ある方は、せっかく仏教講座をするのに、集まる人数がいつも二人か三人ではもったいない。もっとたくさん動員したらどうかと言われます。私も案内だけはしていますが、来るのは本人の自主性に任《まか》せないと継続ということは、なかなか難しいと思います。一人でも二人でも聞いてくれる人がおられるならば、私はそれで充分ではないかなと思っております。ゼロであったことは何回かあったかも知れませんが、そういうことはほとんどなくて、やはり毎回二人か三人くらいから、一〇人前後の幅はありますが、参加してくれまして、ほそぼそと一四年間続いているというのが現実です。

仏法が分かるためには、「あせらず　急がず　中断せず　継続一貫の聞法《もんぼう》」ということを私の先生が言われていました。本当に「継続一貫」です。「念願は人格を決定する。継続は力なり」ということを先生が言っておられました。「継続は力なり」という人は多いのです。けれども、その前にこういう言葉を付《つ》けているというのが、非常に趣《おもむき》があります。「念願は人格を決定する。継続は力なり」。

こういうこともありまして、私は「継続」していくということこそが大事だという思いで、続けさせていただいております。それで私としては、この会が是非とも東国東郡の仏教会が跡《あと》を引き継いで、継続していただけたらなあと思っております。これも縁次第ですので、続くか続かないかは、そのときそのときのことですけれども。しかしこの会は全国的にも珍しい取り組みですので、是非とも継続されることを願っております。

※苦しみはどこから起こってくるか

これまでのことは前置きです。今回お話しする内容は、大阪の難波別院（真宗大谷派）というところの、『南御堂《みなみみどう》』という新聞の平成一六年の二月号・三月号に、私に何か書いてくれという依頼が来ましたので、「現代と親鸞」ということで「生死《しょうじ》を超える道の課題」として書かせてもらいました。今回はこれを参考にしながら、医療と仏教が協力するということが大切だということをお話していこうかと思っております。

仏教では、生・老・病・死のことを「四苦《しく》」というのですけれども、医療と仏教はこの「四苦」の解決をどうしたら私たちは出来るのかということで取り組んでいます。医療はどういうふうなかたちで解決していくかといいますと、「不老不死」を目指していくわけです。では仏教はどういうふうなかたちで不老不死ではない解決の見方をしているかというと、これは「生死を超える」ということで、四苦の解決を見いだしているわけです。

『南御堂』にも書いていますけれども、今までの医療というものは、何を取り組んできたかというと、病気を治癒《ちゆ》させるということ、病気を治癒に導くということ。これを「治療」といいます。「治療」を英語ではキュア（cure）というのですが、治療というのは怪我《けが》をしたとか、何かの感染症という病気になる、昔は私たちの知っている範囲では「結核《けっかく》」が一番多かったのですが、コレラだとか、破傷風《はしょうふう》とかチフスだとか、こういう病気が多い頃は、治癒するということは、この病気に打《う》ち克《か》つということが治療だったわけです。だから病気であるということは、「本来の生《せい》」ではない。私たちの本来の生きている姿ではない。だから「本来の生の姿に戻せ」というのが治療だったわけです。それが戦後の五〇年で病気の種類がずっと変わってきたのです。結核はまだ完全に克服されてはおりませんけれども、結核で亡《な》くなる方は、今は非常に少ないのです。

今病気で一番多いのは何かというと、ひとつはガンで亡くなる方が全体の三一パーセントなんです。二番目は心筋梗塞《しんきんこうそく》とか、心臓の病気が大体一五パーセント。そして三番目には、東国東郡は心臓の病気よりも脳卒中の方が少し多いようですが、全国的には脳卒中の方が一四パーセント。これを併《あわ》せると大体六〇パーセントが、外傷とか感染症に関係なく、そのような病気で人間が亡くなるという状況になってきました。こういう病気はほとんど生活習慣病に近いというか、老化現象に起因《きいん》する病気です。そうすると今までの、病気に打ち克つというような概念《がいねん》ではなくて、病気と仲良くつきあっていかなければならないというかたちで対応せざるを得《え》ないような状況が出てきているのです。だから治癒するというよりは、病気とつきあっていって最期まで生ききるというか、燃え尽きるというかたちのものが現代的には大事になってきております。

そこで人間の四苦の解決をどうするかというと、不老不死を目指すか、生死を超える道を考えるかということになります。もうちょっと別の角度で考えてみますと、私たちの苦しみは一体何で起こってくるかというと、「私の思い」と「私の現実」の差があるということが私たちの苦しみ悩みの原因になるわけです。健康になりたいというのは、誰でも思うことです。そうすると自分が病気である、怪我をしているという現実と、健康になりたいという思いとの差が生ずる。それが苦しみの構造なんです。そうすると、病気を健康の状態に戻すというのが医療の仕事になるのですけれども、病気を健康の状態に戻すというのは、その多くは医師や看護師の仕事かということになりますが、よく考えてみると、人間の身体は自然の治癒力に依っていることが多いのです。自然の治癒力に依るものが大体八〇パーセントだという人がおります。いい過ぎかなと思いますが、決してそうではないのです。

外科医が手術をするときに、切ったところを縫ったり、寄せたりします。寄せ合わせるのは医師の仕事ですが、傷がくっつくのは本人の治癒力なんです。風邪《かぜ》をひいたり、肺炎になったりすると、いろんな抗生物質を使ったりしますが、あれは自然の治癒力プラス抗生物質で良くなっていくということがあるわけです。だから自然の治癒力というのが大きなはたらきを持っているのです。それに依存した上でいろんな医療技術があるわけです。だから全体をみると、医療技術が病気を良くしているというのは大体一二パーセントだろうというわけです。病気の一二パーセントくらいが医療技術で良くなるだろうと。病気の八パーセントは医師が手を出したばかりにかえって悪くなるとも言われています。

※思いと現実の差を縮める

私もこの病院におりますと、例《たと》えば病気の合併症で患者の治療が難渋《なんじゅう》すると、家族や近所の人は東国東広域国保総合病院に行かずに、国立別府病院に行ったら良くなったのではなかろうかとか、大分大学医学部附属病院に行ったら良くなったのではなかろうかというような人たちの声を間接的に聞くことがあります。東国東広域病院だけにはかかりたくないという人もかなりおられるのではないでしょうか。どこでも都会がよく見えるというのは仕方のないことです。私が中津市の国立病院（現在、中津市民病院）にいたときには、周囲の下毛《しもげ》郡、宇佐市、豊前《ぶぜん》市の人が来て、中津市の人は北九州市に行っていました。北九州市の医療センターの人に話を聞いてみると、郡部の人が医療センターに来て、北九州市の人は福岡市に行っている。九州大学医学部附属病院で働いておりました頃、郡部の人が九州大学附属病院に来て、福岡市の人は東京に行っていました。みんな都会が良さそうに見えるわけです。そんなに大きな変わりはないのですけれども、どこに行っても、いい医者に逢うか逢わないかの運不運なんですけれども。

病気を健康の状態に戻すというかたちで医療が一所懸命手を尽くすのですけれども、これは自然の治癒力に非常に依っております。それと、差を縮める取り組みが出来るのは、良くなる病気のときだけなんです。良くなる病気のときだけ差を縮めることが出来るのです。だから怪我をしたとか、いろんな感染症との闘いにおいては、これはまさに良くするという取り組みが出来ていったのです。それが現在みたいに老化現象の関係した病気がたくさん出てきたら、病気をやっつけるという発想では対応出来ません。これがガンとかであれば、腫瘍《しゆよう》を手術で取り除くということも出来ることがありますが、心臓の病気だとか、血管の動脈硬化《どうみやくこうか》の進んでいる人たちに治療は一時的には役立つけれども、病気の進行を一時的に先送りはするけれども、根本的な治療にはならない。例えば脳卒中になったけれども、良くなったとしても五年も一〇年もすればまた新しい病気が出て来たり、再発をしたりで、結局は必ず老病死に捕《つか》まるのです。捕まったときに私たちが不老不死を目指していたら、結局は敗北となるわけです。ということは、病気を健康の状態に戻すということは、ひと時代前の外傷だとか、腸チフスだとか、結核だとか、そういう感染症との闘いのときには、これでよかったわけですけれども、「老化現象」というような病気になってくると、病気を健康の状態に戻せなくなってくることになります。

特徴的なものをいいますと、ひとつはガン末期。ガンが見つかった時はかなり進行していたとか、手術したあと再発をしたりとか、手遅れで見つかったというような人たちは、自分を健康な状態に戻してくれと言われても、それは出来ない。ふたつには治療法が確立してない「難病」（厚生労働省が発表しています）というものもたくさんあります。そしてみっつには老化現象に関係した病気です。ガンや動脈硬化は老化現象に関係した病気であるという一面があります。そういう人たちが「若返らせてくれ！」と言っても、今の医学では無理です。それと脳梗塞《のうこうそく》で麻痺《まひ》が出て、リハビリを一所懸命したけれども、やはり少し麻痺が残ったという人たちが元の身体に戻してくれと言っても、今の医学では、障害が固定したときにそういうのを元の状態に戻すということはなかなか出来ないというのがよっつめ。こういうような状態の人が、「思い」と「現実」の差が縮められるのかということになれば、出来ないとなる。そういう状態になったときに医療は「もうお手上げだ」となります。ならば、そういう人たちにどうしたらその差を縮めることが出来るのかということが問題になってくるのです。

差を縮めるためには、「私の思い」が「私の現実」を受容するという、こういう世界が見えてきたときに、その差がなくなるということになるのです。自分の現実が受容出来る。そのことについて私がいつも例で示すのが星野富弘さんです。

※現実が受容出来ない私

この方はキリスト教の方ですけれども、二十代のときに首から下が脊髄損傷《せきずいそんしょう》で手足が動かない状態になった。大学を卒業されて中学校の体操の教員をしておられましたが、ある日、体操の時間に事故を起こされたのです。この方が著作の中でこう書いています。「命が一番大切だと思っていた頃、生きるのが苦しかった。命よりも大切なものがあると知った日に生きているのが嬉しかった」と。「健康が大事。障害がないことが大事」と思っていたときは自分が全《まった》くの障害者で、生きるのが苦しかった。このギャップでどうしようもなかった。しかし命よりも大切なものがあると知ったときに、生きているのがうれしかったと、こう言っている。ここで「命よりも大切なもの」とは一体何だろうかということが問題になってくるのです。けれども大きな障害をもつという状態であった場合でも、そういう世界に目が覚《さ》めることによって、そういう障害があるという現実をも自分は受けとめて生きている、生かされているということが分かったことがうれしかったと表現されているのです。

もうひとつ、いつも私が紹介するのは、大分県の七賢人の一人と言われている三《み》浦梅園《うらばいえん》先生です。梅園先生が晩年に書を遺《のこ》されていた中に「人生莫恨無人識幽谷深山華自紅」（人生恨《うら》むなかれ　人識《し》るなきを　幽谷深山　華自《はなおの》ずから紅《くれない》なり）というのがあります。これはどういうことかといいますと、最後の「華《はな》自ずから紅《くれない》なり」というところが、「私は私でよかった」ということを表しているのです。世間で皆から知られてチヤホヤされるような有名人になるということはなくても、決して人生を恨むことはありませんよと。谷深い山の中であっても、精一杯自分の持ち場で自分の華を小さくても大きくても精一杯咲かせておけば、それでいいんですよ。私は私で良かった。まさに私の現実を私は受けとめたという一生であったといったところに三浦梅園先生が人生を敗北ではない、人生を燃え尽くしたという思いを生きているのだというその生きざまが、三浦梅園先生の受けとめとして、この書に表されているのです。これは三浦梅園先生のオリジナルではなくて、中国のものらしいです。出典はどこか知りませんけれども、中国の漢文の中にあるらしいです。それに三浦梅園先生が非常に共鳴をされたのです。それでこういう書を遺しておられるのです。まさにこの現実を自《みずか》らが受けとめたということなんです。

ですが、私たちはなかなか、現実を受けとめることが出来ないのです。受容するというところの中に私は仏教の「智慧」という世界があるのではないかと思います。それはどういう原理で仏教の智慧があるのかというと、最近ある人の本を読んでいたら、私たちは明日が目的になって、今日が明日のための手段、方法になっているというのがありました。これはパスカルというフランスの哲学者が『パンセ』という本の中に書いているそうです。私たちには「明日」が目的で、「今日」が明日のための手段、方法になっていると、こういうのです。私たちは目的と手段といったときに、どちらが大事かというと、目的とは非常に尊《とうと》いのです。手段、方法というのを私たちからいわせると、道具とか物の位置で、価値が低いわけです。どうしてかというと、例えば私たちが一番腹が立つときは、自分が物か道具みたいに扱《あつか》われたときでしょう。それに対して目的というのは非常に尊いわけです。私たちは「明日こそ何かいいことがあるぞ、このことが解決したらもうちょっと楽になるぞ」といって、いつも明日のための今日を生きていないかということなんです。明日のための今日ということは、今日、今を少し価値を低くしてみているということなんです。そんな価値の低いものをずっと積み重ねても、それを一〇〇年積み重ねたとしても、それは目的の尊さまでに行き着かないというのです。『法句経《ほっくきょう》』という経典には、仏さまの世界を知らなくて一〇〇年生きることと、仏さまの世界を知って一日生きるとするならば、どちらが価値があるかといったら、仏さまの世界が分かって本当に一日生きることの方が価値があるのだと書いてあります。

私たちはいつの間にか明日のため、将来のための今日を毎日生きてはいないかということを考えてみないといけない。そういうふうに何か手段、方法であるような一日の過ごし方になっていたときに、それはいくら繰り返していっても結局は「空しく過ぎた」というふうになる。「あっ」という間に過ぎ去ってしまっていた。終わってみれば、どうでもよかったようにに思えるようなことにばかり振り回されていた人生であったと。これは私たちが実際生きてみて、自分でどうかというのは自分で実験していくしかない。だから「明日こそ、明日こそ」と言って、「このことが解決出来たらもうちょっと楽になるぞ。幸せになるぞ」と言って、いつも明日が目的で、今日が手段、方法であるような一日をいくら繰り返してみても、振り返ってみれば、いつの間にか過ぎてしまっていた。何か空《むな》しいなあというようなものが多いわけです。そういう私たちに目を覚ませとはたらきかけてくださるのが、仏教の智慧です。今、今日が目的となるような受けとりが出来る道を教えてくれているのです。

※空しく過ぎる

キューブラ＝ロスという方が、ガンの末期の患者さんとの会話の中でこういうことがあったといっています。中より上のそこそこの生活をしてきた人が、自分があと数カ月の命だと知ったときに、こう言ったというのです。「いい生活はしてきたけれども、本当に生きたことがない」と。皆に負けてはならない。経済的にも安定して、家庭もしっかりして、子どもの教育もしっかりして、そこそこ手に入ったけれども、いざ余命数カ月ということが見えてきたときに、私が生きてきたことは本当に生きたということなんだろうかという思いが、「いい生活はしてきたけれども、本当に生きたことがない」という訴えをしたというのです。

私たちの生きざまということで、この現実を受容するということを考えるとき、自分の人生を私たちは本当に受けとめることが出来ているであろうか。「空《むな》しく過ぎた」というかたちでしか、人生を受けとられていないのではないかということです。そこに「私は私でよかった」という世界を持ち得ているだろうか。私は「生死を超える」という仏教の道、四苦を超えるというところに仏教が教える受けとりの方法が示されるのではないかなと思います。

私たちというのは、戦後、科学的な合理主義の教育を受けてきていますので、自分の知性か理性というものを非常に尊重して生きているわけですけれども、知性、理性を尊重して生きることが、物事が本当に見えていることなのかということをよく考えていただきたいのです。それはどういうことかといいますと、私たちは「時間」というものの概念について、過去があって現在があって未来があるというふうに考えているわけです（次頁、表①参照）。時間というものは、過去→現在→未来へと過ぎていって、私個人のことでいうと、過去のどこかで私は生まれて、未来のどこかで「死」があるだろうと思っています。

この「現在」というこのあたりに私は今いるわけです。その私もかなり死の方に近くなってきたかなと思っているのですけれども。若い人はまだ先が長いと思っていたり、自分は先が短いとか、いろいろあるでしょう。

昨年の暮れに、特別養護老人ホーム等の施設長をしてこられた方で、私とも親

表①

過去　現在　未来

生 ————→ 死

交のあった先生が六二歳で脳卒中で亡くなりました。私の知人で大分市の隣町のある開業医の先生は、五四歳で、私より一級学年が下ですけれども、昨年の忘年会の後に自宅に帰って玄関を開けようとしたまま倒れて亡くなっていたということです。そして今年になって、私たちの病院で働いていた看護師が五〇歳で亡くなりました。

決して年齢の順番ではないのです。仏教では、生まれたばかりの赤ん坊から一〇〇歳を越えたお年寄りまで「死」ということに関してはみんな横一線だというわけです。私も本当にそうだと思います。若い人でも、老人でも、死に関しては横一線なんだということをつくづく思い知らされます。でも私たちは生まれてから死ぬという時間が、過去↓現在↓未来と過ぎていくと思っているのです。

歴史を習うと、私とは無関係な事柄で西暦六〇〇年には何があった。西暦一二〇〇年には何があったというでしょう。私がおってもおらんでも死んでも、時間はまた過ぎていって、西暦二〇一〇年には何がある。西暦二〇二〇年には何があるといって、時間が過ぎていくと思うのです。でも仏教はそうはいわないのです。

※「持ち越し苦労」と「取り越し苦労」

仏教では「今しかない」といいます。今の一瞬しかない。この今の一瞬を科学的な合理主義の立場にいる私たちはなかなか受けとめられない。一瞬というのを仏教では「一刹那《いっせつな》」というのです。一刹那というのをある人が計算すると、七五分の一秒だというわけです。七五分の一秒ごとに生滅《しょうめつ》を繰り返しているというのが、仏教の縁起の法になります。七五分の一秒の一刹那を私たちがどう受けとられるかといったら、なかなか頭では受けとられないのです。そのために私の頭はいつも過去や未来にいったり来たりするというわけです。車を運転しながらでも、何か私たちは過去のことや未来のことをいろいろ考えることがあります。過去のことを威張ったり後悔をしたりする。終わったものを思い出して愚痴をいう。これを「持ち越し苦労」といいます。そしてその一方では未来の、いまだ来ていないことについていろいろ心配したりすることを「取り越し苦労」と。私たちは「持ち越し苦労」と「取り越し苦労」をいつもしているのです。そして今の一瞬がなかなか受けとめられないのです。その今の一瞬が受けとめられなくて、結局は明日のための「今」になってしまっている。そういう持ち越し苦労と取り越し苦労を繰り返していけば、「空しく過ぎた」というだけになっていきますよと、仏教は教えるのですが、私たちは「そうはいっても、なかなか〜」と言って、すんなりそれを受けとめられないわけです。

でも「明日こそ、明日こそ」があるから私たちは生きる元気が出てくるのではありませんかと、ある人が言いました。確かに私たちは「明日はもうちょっと楽になるぞ。もうちょっといい生活が出来るぞ。もうちょっとより良くなるぞ」ということで、生きるエネルギーをいただいておりますけれども、これは人間が勝手に考えた妄想だというのです。妄想とまでいわなくてもいいのではなかろうかと思ったりしますけれども、いわれてみれば「そうだな」と感じます。それと同時に「明日こそ良くなるぞ。明日こそ、明日こそ」と言っているのは、今が不足、不満という在り方を示しているに過ぎないというのです。今が不足、不満だから「明日こそ、明日こそ」で生きている。これが三浦梅園先生みたいに「私は私でよかった」ではないのです。今が不足、不満という在り方を示しているのが「明日こそよくなるぞ。このことが解決したら、明日こそ、明日こそ」であると。それを生きている人たちは妄想を生きているだけだと。そういう不足、不満の一日一日を一〇〇年繰り返しても、本当に満足という今、今日を全身で受けとめる仏の世界への目覚めを知り得て一日生きることの尊さには及ばないといわれるのです。

そうはいっても私たちは「そんなことをいっても、理論的にはそうかも知れないけれども」と思うのではないですか。でも、私たちはどうしたらこの今を手段、方法ではなく、目的となるような充実した受けとりが出来るかということを考えることが、仏教の一番の課題であり、それが生死を超えるということになるようです。

※死なないいのち

ひとつのヒントですけれども、浄土宗や浄土真宗、天台宗でもそうでしょうけれども、仏さまの「いのち」のことを何というかといったら、「無量寿《むりょうじゅ》」と。無量の寿（いのち）と、こういう表現を使います。無量寿というのは、量《はか》ることの出来ないいのち（寿）ですから、「永遠のいのち」ということです。

どうしたら私たちは「今」というものを、一瞬を本当に自分で「全身で受けとめられるか」ということがある意味では、仏教が私たちに教えてくれていることなんです。ではそのためにはどうすればよいのか。

禅宗では「悟り」というかたちでいいますし、浄土宗、浄土真宗では「信心をいただく」というかたちでいいます。この一瞬への目覚めに生きていくということが大切なのです。真言宗の僧侶の方が書かれていたことですが、「私は生まれてから死ぬという有限の命を生きておって、だんだん死が近づいてきた。本来ならば、死なないいのちに出会ってしかるべきなのに、死なないいのちに出会わないまま、今の有限のいのちを終わろうとしている。こんなはずではない。死なないいのちに出会いたいという心持ちが《死にたくない》とか《長生きしたい》ということだ。まさに死なないいのちに出会いたいのだという無意識の宗教的目覚めを求めている叫びである」と。

この「今の一瞬」をどう考えているかというと、生まれてから死ぬという有限の命を生きている人たちが、大きな病気をしたとか、だんだん平均寿命に近づいてきたということになってくると、この世への未練やあの世への不安な気持ちを何というかというと、「死にたくない」とか「長生きしたい」と、こういう言い方をします。死にたくないとか、長生きしたいということの背後にある意味はなんだろうかと考えられたのです。

これは真言宗の関係の人がいうのかと思っていましたら、真宗の、僧侶ではない在家の、非常に念仏を喜ぶ人に聞いてみたら、うなずかれました。また哲学を専門とされている方の本を読んでみたら「死にたくないとか、長生きしたいというのは、死なないいのちに出会いたいのだという無意識の叫び」だと書いてあるのです。私たちは「まだ死にたくない」とか、「長生きしたい」というと、何か未練がましいなあぐらいにしか思わないのですけれども、いろいろ思索される人は、そういう背後にある心を考えているようです。

そこで私たち医学をするものは、死なないいのちに出会うということを何というかといいますと、「不老不死」とか「健康で長生き」というのです。私たちは「長生き」ということを考えたときに、医学の世界では不老不死を目指すのですから、その長生きというのは、八〇歳よりは九〇歳。九〇歳よりは一〇〇歳。一〇〇歳よりは一一〇歳といって、生きている時間を長くする。いうならば量れる時間を長くすることが長生きだと私たちは思ってきたのです。けれども本当の長生きというものを考えたときに、九〇歳か一〇〇歳まで生きた人たちに、私は本当に長生きしたから、もう充分だというかというと、そうではないのです。まだ「長生きしたい」というのです。死にたくない。長生きしたいといって、きりがないのです。

本当の長生きについて仏教ではどういうのかと考えたときに、『大無量寿経』という経典の中にはこういう私たちの奥底の願いみたいなものをいい当てているところがあるのです。その経典の第十五願といわれるところですが、「仏さまの世界すなわち浄土に生まれたものは本当の長寿が実現出来ます。ただしいのちの長い短いにとらわれる人はのぞく」と書いてあります。

たとい我、仏を得んに、国の中の人天、寿命能《よ》く限量《げんりょう》なけん。その本願、修《しゅう》短《たん》自在ならんをば除く。もし爾《しか》らずんば、正覚を取らじ。

（東本願寺『真宗聖典』一七頁）

坂東性純《ばんどうしょうじゅん》先生の講義を聞いて教えられたのですが、この「長生き」ということをいろんな人たちがどんなふうに受けとっているかということを紹介します。

※今、今日を大事にする

坂東先生の師匠で禅宗の非常に高名な僧侶に、鈴木大拙先生がおられます。この方は日本の仏教、東洋の仏教を世界に情報発信された方です。聖路加国際病院の日野原重明先生が主治医であって、日野原先生の著作を読んでみると、鈴木先生の最期のところが出てきます。鈴木先生は九六歳で亡くなったのですけれども、あるお祝いの席でのことです。「先生、長生きの秘訣を教えてください」と、お弟子の方が鈴木先生に質問をされたのだそうです。そしたら鈴木先生がどう答えたかといいますと、「私は今、鎌倉のお寺の裏に住んでいて、いつも鎌倉の町に出るのに一二〇段の石段を昇ったり降りたりしなければいけない。私はこの石段を昇ったり降りたりするときに、今まさに足を置くべき石段だけを見るようにしております。これが長生きの秘訣です」と、こう言ったというのです。

私たちはいつも一段先の方を見るのです。明日を見るのです。そして今は明日のためだというのです。しかし鈴木先生は今まさに取り組むべき今、今日を大事にする。足を置く今を大事にすると言ったというのです。それが結果として長生きになりましたと。

日蓮宗のある僧侶は、この方は八九歳まで長生きしましたけれども、お弟子の方に「どうしたら長生き出来るか、秘訣を教えてください」と質問されて、「私は若いときから長生きの秘訣をいろいろ研究して、一〇〇以上知っている。しかしどれひとつ実行しなかったということが長生きの秘訣だ」と、こうおっしゃったというのです。これはどういうことかというと、どうすれば長生き出来るかということの努力をするのではなくて、淡々と生きた。長生きということにとらわれずに、一日一日を大事に生きたということなのです。それが長生きの秘訣だと、こう言われたのです。

キリスト教ではどう言うかというと、少し視点がずれるかも知れませんが、「生きているうちに死んだ人は、死ぬときに死なない」というのです。これは、有限の命を生きている私たちが生きているうちに生死を超えて死なない命に出会ったものは、死は通過点にしか過ぎないというか、決して死で「死ぬ」のではないのだと。つまりキリスト教では、天国で生まれるということです。浄土宗・浄土真宗では「死ぬのではありませんよ。浄土に生まれるのですよ」と言っているその感覚がまさに「生きているうちに死んだ人は、死ぬときに死なない」というのです。

キリスト教とまったく同じことを禅宗の僧侶が言っています。至《し》道《どう》無《む》難《なん》禅《ぜん》師《じ》という方が、「生きながら　死人となりて　なりはてて　おもうがままに　なす業ぞよき」と。生きているうちに生死を超えて、無量寿の世界との接点を持ち得たときに、命の長い短いにとらわれない自由自在な今を、今日を生きるようになりましたと。「生きているうちに死んだ人は、死ぬときに死なない」というのは、まさに同じ心持ちを禅僧も言っていたのです。

※今しかない

このことを通して見えてくるのは、『大無量寿経』の第十五願の、「仏さまの世界が分かったものは本当の長寿が実現出来ます、ただし命の長い短いにとらわれる人は除きます」というところです。どういうことかというと、命の長い短いという量の長短ではなくて、今の一瞬を全身で受けとめて無量寿の世界に接点を持ち得た人はこの一瞬に本当の長生きという質をたまわる。長生きという「時」をたまわるという。だから今の一瞬というものを全身で受けとめられたものは、この瞬間に長生きという質を感得する、これを「摂取不捨《せっしゅふしゃ》の利益にあずけしめたまうなり」と『歎異抄』では書いてあります。そういう世界に出会えるのだと。そういった時を持ち得るとき、もう明日はいらないようになる。今の一瞬に仏さまの世界に目覚めたものは不足、不満ではなくて、そこに「足るを知る」という「知足《ちそく》」という世界が出てくるから、だから明日はもういらないようになる。明日がいらないということはないから、明日はお任《まか》せ。そして「願」を生きるという展開が起こるのです。

「明日こそ。明日こそ」と言っていたものは「今日が不足、不満という在り方をしていた」ということを示しているのです。それが今本当に大きな世界に出会えた。「ああっ、よかったなあ」と。「命よりも大切なものがあると知って生きているのがうれしかった」と星野富弘さんがおっしゃるような、そういう世界に出会えたものは、今の一瞬を本当によかったとうなずける。そうしたときに「明日はいらない。今、今日を満足の世界」といただく。そしてどうなるかというと、今こういう世界に目覚めたものは、この相対的な世間の世界から世間を超えた、絶対的世界、無量寿の世界に移って、そしてここから「今」がずっと続くというのです。

これを「永遠の今」というのです。永遠の今がずっと続くのです。その「今」の足し算が一カ月になったり、一年になったり、一〇年になったり、三〇年になるというのが時間の在り方なんだと、こういうのです。だけど私たちは科学的な合理主義で、世の中のことが分かっているので、過去があって現在があって未来があるではないかと、こういうふうに考えるけれども、仏教はそうではない。「今しかない」というのです。明日はないのです。常に「今」なんだと。そしてこの「今」がずっと続いていくのだと。だから禅宗の悟りとか、浄土教の信心というのは、「常に今に在り続けることだ」と、いわれています。常に今に在り続けることが悟りだとか信心をいただいたということだ。ということは、私たちは今の一瞬に「永遠のいのち」を生きるというようなかたちで、質的な満足の世界（摂取不捨の世界）をいただくときに、私たちはどういう世界が見えてくるか。あるいは智慧の眼で見ると、「私」というものは実体として在るのではなくて、私というものはいろんな因や縁が集まって和合して、それこそガンジス河の砂の数の因縁が集まって、現象として在るのだと、この因や縁の一つが欠けたら、次の瞬間にはゼロになるという在り方をしているのだと仏教はいうのです。これは縁起の法です。

ゼロというのは人間でいうなら、死です。ということは一刹那ごとに生滅を繰り返していて、たまたま私はまだそういう縁が尽きていないからずっと五十何年間生きてきたけれども、皆さん方もその年齢まで生きてきたということは、たまたま縁が和合して今日まで来たということです。今日の帰りに私も交通事故で死ぬかも知れない。皆さんも交通事故で死ぬかも知れないし、明日布団の中で冷たくなっているかも知れないという在り方が私たちの本来の在り方なんだと。まさに生まれたばかりの赤ん坊から一〇〇歳を越えた老人まで全部「死」ということに関しては横一線なんだということが、こういうことでしょうね。

このようなことを通しながら私たちは「今しかないのだ」という世界が見えてきた、そして今、ここで無数の因や縁、そして多くのいのちに支えられている、生かされていることを知らされたとき、そこに生死を超えて今ここで摂取不捨、知足という世界をいただくのです。そうしたとき私たちは、長生きするとか、長生きしないとか、結局は今が満たされたときには、命の長い短いにとらわれない「今」を喜んで生きていくという世界が展開するのです。

死をみつめて、生死を超えて見えてくる内容をギリシャの哲学者が面白い表現で言っています。「生きているうちには絶対死なない」と。そしたら「死んだら死なんか考えない」と。生死を超えた人たちはそういう世界を生きているわけです。今生きている、生かされている、支えられている「今」を喜んでいこうではないかという世界と、「死」なんていうのは取り越し苦労だという世界。過去があって現在があって未来があって死が怖いというのは、未来が分からないから不安であるのであり、そして尚且《なおか》つ今が不足、不満であるから死が怖い、不安なのです。今が満足という世界をいただいたら、あとはお任せですよ。そしたら死なんて考えなくてもいい。生きているうちには絶対死なないということは絶対間違いない。死んだら死なんて考えない。ならば、生かされている今を精一杯生かさせていただきましょう。南無阿弥陀仏。こういふうに「今」を全身で受けとめるというのです。

※参らない私

浄土真宗では、仏さまの世界というものを本当にうなずけたときのことを、『歎異抄』の第一章で、「念仏もうさんとおもいたつこころのおこるとき、すなわち摂取不捨の利益にあずけしめたまうなり」（東本願寺『真宗聖典』六二六頁）といっています。無量寿の世界が本当にうなずけて「南無阿弥陀仏」と念仏もうさんと思いたつ心が起こったときに即（すなわち）摂取不捨という救われた世界をいただくのだと。まさに今ここでそういう仏さまの世界と通じる世界をいただくときに摂取不捨されて、「今」を大事に生きるという世界が展開されるということです。そうしたときに生死を超えるということは、まさに今ここで「私は私でよかった。

満足という世界をいただいた」ことによって、この「四苦」というものや持ち越し苦労、取り越し苦労を超えていく。こういう世界が分かってきたときに私たちは本当に、病気であっても、病気でなくても、障害があっても、障害がなくても、ガンであっても、ガンでなくても、そういう世界が見えてきたときには、三浦梅園先生がおっしゃるように「私は私でよかった」という世界が出てくる。そういう世界がなかなか出てこないのは智慧がないからなのです。それを「無明《むみょう》」といいます。

智慧をいただいて私が智慧の眼をいただくときに、そういう物事がよりよく見えるようになる。でも私たちは科学的合理主義を大体依り処としているから、過去があって現在があって未来があって、私がおろうとおるまいと世の中は流れていくのだという科学的合理主義です。物事が見えなくなる。見えなくなるということが、どういうふうになるかというと、科学的な合理主義では全体像が見えない弱点があるというのです。

学校の先生が、ナイフを学校に持ってきた生徒に刺されて死ぬという事件が数年前にありました。そのお通夜の席で同僚の先生が「先生、どうして死んだの」と嘆き悲しんでいたら、まさに科学的な合理主義の知識を受けて教育されてきた医師が、その場面で「出血多量で死にました」と言ったというのです。本当に物事を全体で見ているかというと、一部分は現象としては間違いないかも知れないけれども、「どうして死んだの」が「出血多量で死にました」で、本当の答えになるのだろうかと。やはりそこに全体が見えていないという弱点があるのではないかなと思われるのです。

私は生死を四苦をどうしたら超えていけるかということを考えたときに、不老不死というのは、これは目標としてはいいのですが、実現が不可能なんです。いまだに一二五歳を越えた人はいません。一五〇歳まで生きた人なんて聞いたこともありません。必ず老病死につかまってしまう。敗北です。みんな敗北で死んでいくというのが幸せな人生なのか。生死を超えるというかたちの中で、死なんて心配ない、お任せですよ、通過点ですよ、というかたちで悠々《ゆうゆう》と「思うがままになす業ぞよき」というようなかたちの自由自在のお任せを生きているという世界を「生かされている」のだといただいたときに、何か「明日こそ。明日こそ」で生きている私たちの実態を「今、今日が不足であり不満である」という在り方であるといい当てられるのではないでしょうか。

仏さまの智慧の見方が本当かも知れないということを、だんだんと知らされてくるのです。だから何かを信じこむのではなくて、私たちは仏さまの世界を知らされてきて自分の思いを翻《ひるがえ》されるわけです。翻されて「参った」と言ったときに仏さまの世界を知らされてくるわけです。

なかなか私たちは参らないわけです。知性、理性を依り処として、「俺の方が頭がいいぞ」と思っているものですから、なかなか仏さまの智慧を本当にいただけない。あなたは今、今日が明日のための手段、方法になっていませんかといわれたときに、私などは「参った」というしかないですよ。今まで五五年生きてきたけれども、「明日こそ。明日こそ」で今日を本当に受けとめていなかったなということを最近つくづく知らされるようになりました。そういう私たちに智慧あらしめたいという仏さまからの働きかけがあったのだなということを思わせていただくときに、こういう仏教の世界と接点を持つことによって、不老不死ではなくて「生死を超える」というかたちの中で私たちは今、今日を本当に充実した一日一日を生かさせていただくという世界があるのだということを実感させられるわけです。そういう世界に目覚めていくことがまさに「生死を超える」「四苦を超える」というかたちで仏教が教えてくれているのです。是非ともこういう文化を共有出来るというかたちの中でこの国東《くにさき》が、仏さまとの接点を大事にする地域になることを願っています。

医療によって良くなる病気なら、一所懸命医師や看護師に頑張ってもらって、良くしていかなければならない。だけども良くならない病気であっても、そういう人たちが本当に最期まで生ききるというか、燃え尽きるというか、「我が人生悔いなし」と言って生ききるような文化というものが本当に大事ではないかなと思います。そういう文化を共有出来るときに病気であっても病気でなくても、私は今ここで生きている、生かされている、支えられているという、そういう見えない世界が見えてくるのです。この見えない世界を私たち日本の文化で「もったいない」「おかげさま」と、そういうかたちでいろいろ表現しているのですけれども、今、そういう文化が失われようとしています。見えない世界が見えてくるというのが人間としての成熟であり、智慧をいただいたということになる。見えなかった世界が見えてくるというのです。

※仏教と医療の橋渡し

真宗大谷派（東本願寺）の高名な僧侶で信国淳《のぶくにあつし》先生という方がおられます。宇佐市内の御自坊の林松寺というところで先生の二十五回忌の法要が先日ありまして、私も病院の休暇を取って行ってきました。その先生が著作の中で「歳をとるというのは楽しいですね。今まで見えなかった世界が見えるようになるのですよ」と、おっしゃるのです。私たちが病院で仕事をしていると、歳をとることが楽しいという人はあまりいません。みんな愚痴を言う人たちはたくさんいますけれども。「歳をとるというのは楽しいですね。今まで見えなかった世界が見えるようになるのですよ」と、成熟して智慧の眼をいただいて、三浦梅園先生のように「私は私でよかった」というかたちでの人生を生きるというか、燃え尽きるということが人間として大事なことではないかなと私は三十数年にわたる仏法のお育てをいただきながら、そういうことを思わせていただいております。

最後になりますけれども、私も今月いっぱいでこの病院を辞めさせていただくのですが、病院長として一〇年仕事をしましたので、一世代ワン・ジェナレーションは、仕事の善し悪しは別として担《にな》ったかなと思っております。

私の仏教の先生が「世間の仕事は余力を残して辞めなさい。後生の一大事が残っていますよ」と、私たち仏教の話を聞く者に言っていました。後生の一大事が残っていますよ。これはどういうことかというと、世間でこんなことを言うと笑われるかも知れませんが、人間に生まれた意味、生きることの意味、死んだらどうなっていくのかということの解決が本当に出来ていなくて、食べるためということだけで働いていたら、愚痴だけの人生になってしまいますよ。世間の仕事は余力を残して辞めなさい。後生の一大事が残っていますよと、こうおっしゃっていました。私もこれをいい口実にして、今月でこの病院を辞めて、ゆっくりした仕事をしながら「仏教と医療の橋渡し」のような仕事をしようと思っています。

この国東ビハーラの会の講師は、年間四回くらいは今後も来させていただこうと思っております。『歎異抄』に聞く国東の会や国見の会は、世話をしてくれる人がいらっしゃれば、まだ続けようと思っております。

この内容は、平成一六年三月一二日、東国東広域国保総合病院内のビハーラ仏教講座にて、田畑正久医師の病院長としての在職最後となる仏教講座での講義録です。

医療と仏教を考える上でのきっかけになることを念じ、世に問うこととといたしました。指標としていただければ幸いに存じます。

二〇〇四年五月

国東ビハーラの会

あとがき

東国東広域国保総合病院に赴任する時、よき師は「この社会で、ある立場を与えられ、仕事をするということは、今までお育てをいただいたことへの報恩行ですよ」という趣旨の内容のおはがきをいただいた。損・得、勝ち・負け、プライドが傷つく、傷つかないなどの煩悩に振り回されようとしていた私には報恩行という発想はありませんでした。

そんな師の言葉をいただいて広域病院勤務、外科の責任者としての仕事を始めました。同時に仏教の心を加味した取り組みが「仏の里、国東」で出来ないかと考え、「国東ビハーラの会」を平成二年三月に発足させました。病院の管理者の理解、および地域の宗教関係者の協力を得て病院内での毎週金曜日の夕方の仏教講座が平成二年四月より始まりました。

師より「念仏をいただく者は、その職場でなくてはならない輝きを発する」という教えをいただいていましたが、広域病院での一五年間を振り返る時、忸怩《じくじ》たる思いでいっぱいであります。今までの医師人生で一番長い勤務地となり、副院長、院長と役をいただきながら多くの出遇いを持つことが出来、国東の地にも深い愛着を感じるようになりました。

医療を取り巻く環境の厳しくなる中で仏教への思いも強くなり、仏教の学びへ一歩踏み出したいという思いもあり、一〇年の院長業で区切りをつけて辞めさせていただき、医療と仏教の橋渡しの仕事にすこし重点を移したいという思いで、今回は院長としての最後の仏教講座講師当番をさせていただきました。医療ソーシャルワーカーの森秀映氏より講義内容の文章化への尽力をいただき、同朋大学の田代俊孝教授のご配慮、法藏館の関係者のご指導をいただき、このたびの本の出版となりました。皆さまへの感謝の気持ちで一杯です。ありがとうございました。

合掌

二〇〇四年五月

田畑正久

田畑正久（たばた　まさひさ）

昭和24年生まれ、九州大学在学中に細川巖先生に出遇い、以後浄土真宗のお育てを頂く。「国東ビハーラの会」を組織し、病院内でビハーラ活動に取り組む。大分県下数箇所で「歎異抄に聞く会」を主催。平成６年東国東広域国保総合病院院長、平成16年４月より佐藤第二病院（宇佐市）医師、飯田女子短期大学客員教授。医学博士。
著書に『生と死を見つめて――医療と仏教が共にできること』（東本願寺）、『老・病・死の現場から』（法藏館）。

今、今日を生きる
ひとりふたり‥聞法ブックス 8

2004年６月25日　初版第一刷発行
2012年８月10日　初版第五刷発行

著者――田畑正久
発行者――西村明高
発行所――株式会社法藏館
〒600-8153
京都市下京区正面通烏丸東入
電話：075-343-5656
振替：01070-3-2743
印刷・製本――立生㈱・㈲清水製本所

ISBN978-4-8318-2138-6　C0015

ひとりふたり‥聞法ブックス

海をこえて響くお念仏	張《チャン》 偉《ウエイ》著	三八一円
やさしく語る 仏教と生命倫理	田代俊孝著	三八一円
ねぇぼくの気持ちわかって	富田富士也著	三八一円
健康であれば幸せか	駒沢　勝著	三八一円
生きるための歎異抄	松田正典著	三八一円
勇気をくれた子どもたち	祖父江文宏著	三八一円
老・病・死の現場から	田畑正久著	三八一円
仏の智慧	狐野利久著	三八一円
真実に遇う大地	松田正典著	三八一円
医者の目　仏のこころ	田畑正久著	三八一円